HONNEUR, BRAVOURE, RELIGION

ÉLOGE FUNÈBRE

DE FEU

EDMOND-FÉLIX-AUGUSTE

DE

V VOUGES DE CHANTECLAIR

GÉNÉRAL DE DIVISION,
INSPECTEUR GÉNÉRAL DE CAVALERIE
OFFICIER DE LA LÉGION D'HONNEUR
DÉCÉDÉ EN ACTIVITÉ DE SERVICE A BESANÇON
LE 17 AOUT 1879

PRONONCÉ DANS L'ÉGLISE DE NUCOURT

(SEINE-ET-OISE)

LE CORPS PRÉSENT

Le 13 Avril 1880

PAR MONSIEUR L'ABBÉ CHARASSON

Curé de Nucourt et Bouconvillers

VENDU UN FRANC

AU PROFIT DE SA PAUVRE ÉGLISE

Conserver la couverture

PARIS-AUTEUIL

IMERIE DES APPRENTIS-ORPHELINS. — ROUSSEL
40, RUE LA FONTAINE, 40

1880

HONNEUR, BRAVOURE, RELIGION

ÉLOGE FUNÈBRE

DE FEU

EDMOND-FÉLIX-AUGUSTE

DE

VOUGES DE CHANTECLAIR

GÉNÉRAL DE DIVISION,
INSPECTEUR GÉNÉRAL DE CAVALERIE
OFFICIER DE LA LÉGION D'HONNEUR
DÉCÉDÉ EN ACTIVITÉ DE SERVICE A BESANÇON
LE 17 AOUT 1879

PRONONCÉ DANS L'ÉGLISE DE NUCOURT

(SEINE-ET-OISE)

LE CORPS PRÉSENT

Le 13 Avril 1880

PAR MONSIEUR L'ABBÉ CHARASSON

Curé de Nucourt et Bouconvillers

VENDU UN FRANC

AU PROFIT DE SA PAUVRE ÉGLISE

PARIS-AUTEUIL

IMPRIMERIE DES APPRENTIS-ORPHELINS. — ROUSSEL
40, RUE LA FONTAINE, 40

1880

A LA MÉMOIRE

DU

GÉNÉRAL DE VOUGES DE CHANTECLAIR

HOMMAGE RESPECTUEUX DE L'AUTEUR

A

MADAME LA GÉNÉRALE DE VOUGES DE CHANTECLAIR
NÉE D'ARCINE

A

MADAME DIDELON,
NÉE DE VOUGES DE CHANTECLAIR

Mes Frères,

Il me semble que je n'aie plus rien à ajouter après cette parole inspirée que vous venez d'entendre, pour louer la vie, et déplorer la mort du sage et vaillant Général qui fut une des gloires les plus pures de la France, un des plus valeureux défenseurs de son drapeau, mais qui devint avant tout et pardessus tout, un chrétien aussi solide dans ses convictions religieuses qu'il fut brave sur les champs de bataille.

Ne vous attendez donc pas à un discours pompeux, à une longue suite de périodes éloquentes; mes vues sont plus élevées. Lorsque Dieu inspira à mon âme cette pensée de prononcer un éloge funèbre à l'arrivée du glorieux dépôt qui nous était promis, et dont nous devenons dès aujourd'hui les gardiens fidèles; mon but était de vous apprendre ce que vous ignorez de la vie trop courte et pourtant si bien remplie de ce héros, qui, né dans votre village, baptisé dans cette paroisse vous aima non-seulement comme l'on aime des compatriotes, mais surtout comme l'on aime des frères. Je voulais aussi, au milieu de nos défaillances contemporaines vous consoler et vous édifier en plaçant sous vos regards les vertus qui ont embelli les jours de son existence mortelle, et qui, nous en avons la douce confiance, formeront dans l'éternité les plus beaux fleurons de sa couronne dans ce séjour béni, où Dieu lui-même réside et dans lequel ne seront jamais admises que les âmes qui n'ont pas hésité à prendre la sagesse comme le flambeau et la compagne de leur vie.

Et laissez moi vous le dire, M. F., je suis persuadé que connaissant désormais l'affection qu'il portait à son pays natal, volontiers, vous lui rendrez amour pour amour, et que sur sa tombe glorieuse vous laisserez toujours planer avec votre admiration de français, vos plus doux et vos plus précieux souvenirs de chrétiens.

Suivez moi bien, vous tous qui entourez en ce moment ce cercueil de tant de respect, de tant de piété et de tant de sympathique tristesse: car je vous le déclare un pays n'a pas deux fois l'honneur que la Providence vous accorde aujourd'hui, et jamais peut-être les voûtes de cette Eglise tant de fois séculaire, ne rediront des vertus, des sacrifices, des dévoûments comparables aux dévoûments, aux vertus et aux sacrifices qui ont fait jaillir un si grand éclat sur la vie de feu EDMOND-FÉLIX-AUGUSTE DE VOUGES DE CHANTECLAIR, *Général de Division, Inspecteur Général de Cavalerie, officier de la légion d'honneur.*

EDMOND-FÉLIX-AUGUSTE DE VOUGES DE CHANTECLAIR naquit au château de Nucourt le 18 janvier 1823. Son père, le chevalier Auguste-Marie de Vouges de Chanteclair, dont les titres de noblesse remontent au XVIe siècle, était un gentilhomme d'un rare mérite. Grand amateur des arts et des sciences, il cultiva l'un et l'autre dans le seul but d'orner son esprit en dilatant son cœur. Spirituel entre tous, doué de cette puissante intelligence, précieux apanage de ses ancêtres qui se firent remarquer tant dans la magistrature que dans l'armée; il mérita quoique jeune encore de recevoir le même jour, le brevet d'officier d'artillerie et le diplome des finances. Monsieur Auguste Marie de Vouges avait donc devant lui deux voies ouvertes à son ambition.

Il eut à faire son choix et à prendre son parti pour l'une de ces deux carrières si différentes. Mais sur les instances de sa mère qui venait de perdre un fils, brillant officier des gardes nobles, il mit de côté tout amour propre, et inclina pour les finances afin de satisfaire son cœur maternel. Bon par nature, affable pour tous, ses talents et ses aptitudes le désignèrent bientôt à Monsieur le Ministre des finances qui le nomma Receveur Général, fonctions qu'il exerça long-temps dans la ville de Bauvais où l'on conserve encore de lui les meilleurs souvenirs.

La Mère du Général de Vouges, Elisabeth, Félicie de Monthiers fut sa première éducatrice. Et je m'incline en passant devant cette créature si douce et si pieuse qui sut jeter dans le cœur de son enfant, le germe des plus belles vertus et des plus nobles sentiments. Car on l'a dit avant moi, la mère est un être à part, qui peut remplacer tous les autres et qu'aucun autre ne saurait remplacer jamais. Malheureusement, Madame Elisabeth-Félicité de Monthiers descendit dans la tombe avant d'avoir vu son jeune Edmond, s'élancer dans la carrière qu'il devait parcourir avec tant de bonheur. Elle descendait dans la tombe, c'est vrai, mais elle emportait cette consolation précieuse entre toutes qu'elle avait initié ce jeune cœur à l'amour du bien, lui laissant pour héritage la foi de ses pères et l'honneur d'un grand nom.

Et vous savez, M. f., si cette foi était grande, je ne vous en citerai qu'un exemple. Au plus fort de la tempête révolu-tionnaire qui passait il y a plus de 80 ans sur notre belle et noble France, au moment où les Eglises étaient profanées, les prêtres exilés, la religion persécutée, Jacques ; comte de Monthiers, seigneur de Nucourt, lieutenant général des ville et bailliage de Pontoise (1) son aïeul maternel, ne craignit pas d'exposer sa vie, pour arracher à une profanation sacrilège et imminente le corps d'une des gloires du Carmel de Pontoise et de l'Eglise toute entiere. Le corps de la bienheureuse Marie de l'Incarnation. Cet ineffable trésor, pour un cœur catholique, ce vaillant chrétien le déposa secrètement dans la chapelle de son château (2) dans cette même chapelle où les familles de Monthiers et de Vouges ont tant prié, et dans laquelle je vous supplie, M. F., de venir apporter dès aujourd'hui et plus que jamais à notre Dieu, le tribut de votre respect et de vos hommages. Je commence, M. F., parlons d'abord du soldat, nous parlerons ensuite du chrétien.

(1) La famille de Monthiers occupa longtemps héréditairement cette haute fonction, elle donna à Pontoise 8 lieutenants généraux.

(2) La chapelle du château sous le vocable de Saint-Eutrope existe encore. En l'an de grâce 1825, à la demande de Jacques comte de Monthiers seigneur de Nucourt près Magny, Vexin français, Pie VII Pape de sainte mémoire, daigna enrichir ce modeste sanctuaire de nombreuses faveurs. Entre autres, sa Sainteté accorda trois indulgences plénières à perpétuité, à tous fidèles, qui confessés et communiés visiteraient cette chapelle : le 2 juillet fête de la Visitation de la Sainte-Vierge : le 15 octobre fête de Sainte-Thérèse et le 23 septembre fête de la translation des reliques de la Bienheureuse Marie de l'Incarnation et y prieraient aux intentions de la Sainte Eglise.

On l'appelle aujourd'hui la chapelle du presbyère par ce qu'elle fait partie du presbytère ; c'est là que, en raison de l'éloignement de l'Eglise paroissiale M. le curé dit la sainte Messe tous les matins, sur l'autel sous lequel fut caché le corps de la bienheureuse.

A. C.

PREMIÈRE PARTIE

La France, M. F., fut toujours l'admiratrice sincère de toutes les grandeurs et de toutes les gloires. Elle s'incline avec respect devant ces magistrats intègres qui l'ont honorée autrefois et par leur voix éloquente et par leurs mâles vertus. Elle salue avec amour les grands hommes d'État qui ont consumé leur vie à la rendre glorieuse et prospère et dont l'unique souci a été de la faire marcher toujours à la tête de toutes les nations du monde. Elle conserve enfin, avec un légitime orgueil, les noms de ses enfants qui se sont acquis une réputation immortelle dans les sciences, dans les lettres, dans le commerce et dans les différentes branches de l'industrie même.

Mais ce que surtout elle honore sans mesure, c'est le dévoûment des intrépides héros enfantés par l'Église et des capitaines illustres dont la valeur a fait triompher en tous lieux les intérêts et le nom de la patrie française. Il y a donc au sein de notre pays deux courants principaux auxquels se confieront toujours les cœurs qui veulent planer au-dessus des choses de la terre : l'un, conduit tout droit au sanctuaire, et à la féconde solitude de l'autel, l'autre, mène directement au noble métier des armes et à la gloire des combats. Le sanctuaire et le champ de bataille, voilà les invincibles aimants qui attirent encore, et qui attireront toujours, l'élite de notre jeunesse, et les âmes affamées de sacrifice et de dévoûment. Or, Dieu avait indiqué d'avance au jeune de Vouges, la route qu'il devait prendre ; la carrière militaire paraissait à ce noble jeune homme sous un jour si attrayant et si beau, qu'il ne pensa pas un instant à donner à sa vie un

2

autre but que celui vers lequel le portaient ses aspirations
les plus intimes et le souvenir de ses chevaleresques ancêtres.

Après avoir terminé ses études, M. de Vouges était admis
à l'école de Saint-Cyr où il se fit remarquer par la rectitude
de son jugement, la vivacité de son esprit et la bonté de son
cœur.

Deux ans plus tard, c'est-à-dire en 1843, il était promu au
grade de sous-lieutenant et entrait à l'École de cavalerie de
Saumur, afin d'y acquérir les connaissances et les qualités
spéciales à l'arme qu'il devait aimer d'un amour si ardent
et dont l'avenir tenait tant de place dans les préoccupations
de son existence. Sorti de l'école, il est incorporé au 4e régiment de lanciers. Officier d'un grand mérite, vrai type du
cavalier français (1). M. de Vouges sut merveilleusement
allier les exigences de sa position avec son goût passionné
pour l'étude. Sur le terrain des manœuvres, il saisissait du
premier coup d'œil le véritable sens du mouvement com-
mandé, et contribuait énergiquement à le faire exécuter,
avec un entrain sans pareille et une précision étonnante .

Mêlé parmi ses camarades, il mettait un soin jaloux à
faire oublier à tous les paroles flatteuses et justement méri-
tées, dont ses chefs voulaient récompenser son énergie, son
courage et son zèle, tandis que par son esprit, plein de vivacité et de délicatesse, il parvenait toujours à ramener la
gaieté au cœur de ces jeunes gens dont le monde semble en-
vier le bonheur et qui bien souvent ont à dévorer en silence
bien des chagrins et d'ineffables déboires. Mais dès qu'il
avait donné à ses amis le temps nécessaire au repos, il repre-
nait volontiers le chemin de sa modeste demeure, et là rendu
à lui-même, il étudiait la vie des grands hommes de guerre
que sa mère lui avait si souvent appris à admirer toutes les

(1) Au début de sa carrière ses camarades l'avaient surnommé le
charmant cavalier.

branches de cette science militaire à laquelle il devait, quoique sur la fin de sa carrière, ajouter des pages de la plus
incontestable valeur.

En 1848, M. de Vouges est promu au grade de lieutenant;
en 1852, il obtient par sa science, sa conduite et son dévoûment, les épaulettes de capitaine. En 1855, il est en Crimée commandant un escadron du 7e régiment de Dragons.
Vous le savez, M. F., cette campagne fut une des plus péni-
bles dont notre histoire fasse mention ; une maladie affreuse,
le typhus, décime nos soldats ; de tous les cotés, des ambu-
lances s'élèvent pour donner asile aux malheureux qu'at
teint le redoutable fléau ; les Sœurs de Charité arrivent
en foule sur les rives du Bosphore, elles s'installent sans
pâlir au chevet des moribonds, mais le mal est si grand,
il a pris des proportions si désastreuses, qu'il semble désor
mais impossible d'arrêter les œuvres de la mort. Généraux,
officiers, soldats, hommes de la science, filles de la Charité,
tous tombent en foule sous les coups du trépas. Enfin Dieu
veut bien écouter favorablement et les prières de la France
et les voix plaintives de nos martyrs ; le fléau s'arrête dans
sa marche, et peu à peu, il disparaît pour faire place à des
jours plus prospères. Cependant, au milieu de pareils désastres, rendus plus intolérables par un froid d'une rigueur
excessive, et de perpétuels combats, le capitaine de Vouges
conservait une énergie indomptable, et ne permettait pas à
la tristesse de s'élever jusqu'à son cœur. Sans cesse au milieu de ses soldats, il leur faisait part de son courage et leur
communiquait toutes ses espérances, il leur disait que malgré tant d'épreuves, la victoire resterait à notre drapeau,
que bientôt peut-être, Sébastopol tomberait sous les coups
redoublés de la France et qu'alors ils s'en iraient, couverts
de lauriers et de gloire, se reposer auprès du foyer domesti-
que sous le toit paternel et reprendre tranquillement les travaux de la jeunesse.

Certes, de tels services de la part du capitaine de Vouges,

ne pouvaient pas être ignorés de ses supérieurs, et en effet;
ils lui tinrent compte de sa belle conduite en des temps si
difficiles et le récompensèrent en le faisant passer aux dragons de la Garde. En 1853, Monsieur de Vouges est avec ce
régiment dans les plaines de l'Italie.

Je ne parlerai pas de cette campagne dont le souvenir
militaire peut flatter assurément notre bravoure nationale
mais dont les conséquences politiques eurent un si funeste
retentissement au fond de toutes les âmes généreuses.

Aujourd'hui l'opinion des hommes éclairés est faite sur ce
point. C'est vrai; mais plus tard l'histoire parlera; elle parlera avec d'autant plus d'indépendance, que les derniers
acteurs de ce drame où ont péri des milliers d'innocentes
victimes auront disparus de la scène du monde, j'ajoute
qu'elle parlera avec d'autant plus de vérité que chaque jour
qui s'écoule, nous apporte la preuve indéniable qu'un principe mauvais, ne peut enfanter que des résultats déplorables;
et alors il sera facile à tout esprit droit, de porter définiti-
vement un jugement vrai et solide sur les origines des catastrophes qui ont si cruellement attristé les dernières années du 19e siècle.

Quoiqu'il en soit, en Italie comme en Crimée le capitaine
de Vouges se battit en brave et son intelligence aussi bien
que son intrépidité le designèrent à l'attention de ses chefs.
Mais après la conclusion de la paix, il demande à faire partie de notre armée d'Afrique. Et cela se comprend de la part
de ce jeune officier doué d'une énergie si peu commune et
d'une si prodigieuse activité. La vie de garnison lui deve-
nait réellement à charge: il se sentait à l'étroit, au milieu de
ces occupations qui ne cessent le soir que pour se reproduire
le lendemain et toujours avec une régularité, je dirai plus,
avec une monotonie accablante. Ajoutez à cela ces relations
sociales et généralement stériles qui ne manquent jamais de
venir s'imposer d'elles mêmes à un jeune officier jaloux de
maintenir l'honneur d'un grand nom par une conduite sans

reproche; et vous comprendrez pourquoi, il redoublait d'efforts pour quitter momentanément la France et lancer sa jeunesse et son ardeur, dans la carrière si dangereuse des combats africains. Enfin, ses vœux sont réalisés, et le 30 octobre 1865 il arrive à Sétif avec le 6e Régt de chasseurs à cheval; il était alors chef d'escadrons. Ce fut là, dit le Général Gresset un de ses nobles compagnons d'armes, ce fut là le plus beau temps de sa vie militaire et il aimait à en parler comme on parle d'une époque de bonheur (1) Et comment n'aurait-il pas aimé une existence semblable; Monsieur de Vouges avait la hardiesse des hommes de sa race; jeune et doué d'une santé de fer, il regardait le danger comme un aliment nécessaire à son audace, et les soucis d'un lendemain, le trouvaient parfaitement insensible Et là, sur cette terre d'Afrique, il fallait, surtout à cette époque être toujours prêt à monter à cheval et à sabrer l'ennemi; il fallait à chaque instant pousser des reconnaissances dangereuses sur des terrains entre coupés de ces taillis fourrés que les Arabes choisissent de préférence pour tendre leurs pièges et venir plus facilement à bout de leurs vainqueurs il fallait enfin ployer fréquemment la tente pour la rapprocher de plus en plus des limites du désert. Monsieur de Vouges était donc là dans son véritable élément, il respirait à pleins poumons l'air et la liberté, et cela suffisait à son ambition et à ses sentiments militaires.

Mais cette existence devait aussi avoir un terme; quatre ans après avoir mis le pied sur la terre d'Afrique, il était nommé Lieutenant colonel au 1er Régt de Cuirassiers et quelques jours après, il arrivait à Lunéville prendre possession du poste éminent qui lui était confié.

Ici, M. F. commence la partie héroïque de la vie de Monsieur de Vouges, et je vous avoue que ce n'est pas sans une émotion profonde que je vais en ce moment m'efforcer de la

(1) Discours du Général Gresset prononcé sur la tombe de son ami et brave compagnon d'armes le 21 Août à Besançon.

décrire. La France nous apparaîtra au milieu de poignantes épreuves, mais sa gloire au lieu de s'éclipser ne fera que briller davantage, grâce au courage de nos valeureux soldats, grâce aussi aux intrépides efforts du colonel de Vouges.

Vous vous le rappelez bien, n'est-ce pas M. F. Un jour un mot fatal retentit comme un cri de mort au sein de notre France: Guerre ! Guerre ! Alors le soldat accourt aux armes, toute la jeunesse du pays est appelée sous les drapeaux et nos régiments fiers de leur gloire passée, marchent avec bonheur, vers leur poste de combat. Les nations voisines se troublent à l'aspect de ce mouvement précurseur de sanglantes catastrophes; elles se demandent avec anxiété de quel côté penchera la victoire et quel sera le résultat final d'une lutte où vont combattre corps à corps les deux plus grands peuples du monde.

La France seule entretient dans son cœur d'invincibles espérances : elle se dit, que le drapeau qui depuis plus de soixante ans a parcouru en vainqueur tous les champs de bataille de l'Europe ira bien cette fois encore, se couvrir d'un impérissable honneur dans des plaines illustrées autrefois par le courage et le sang de ses fils. Vain espoir; la providence allait montrer au grand jour de l'histoire, qu'elle seule décide à son gré et du sort des empires et du succès des combats. Ils allaient donc cesser et pour longtemps peut être ces chants de triomphe qui après la victoire faisaient retentir les voûtes de nos cathédrales et l'enceinte de nos plus modestes églises; et les chants funèbres semblables au cri déchirant de Rachel n'allaient pas tarder à porter jusqu'au fond de nos campagnes, cette triste nouvelle que l'élite de la France avait succombé au champ de l'honneur, et que bientôt, des hordes implacables viendraient s'asseoir en souveraines à nos foyers visités par la mort. Mais, s'il est vrai qu'accablés par le nombre, nos soldats cédèrent pied à pied le terrain qu'ils avaient mission de défendre, leur honneur n'en resta pas moins intacte et l'ennemi devait encore et pendant des mois entiers, éprouver ce dont est capable l'énergie d'un peuple réduit aux abois.

Mais en ce moment M. F. un nom se présente malgré moi sur mes lèvres et tous, vous avez déjà dit en vous mêmes Reichshoffen! oui Reichshoffen ! nom de tristesse, car il nous rappelle un désastre terrible; nom de gloire surtout, car il nous dit, qu'en cette journée fatale, nos soldats déployèrent une valeur digne des plus beaux jours de nos annales françaises.

M. F. Ecoutez bien ! Entendez-vous là-bas sur le bord de la frontière Allemande la fusillade qui crépite et le canon qui gronde ? C'est la première bataille qui se livre, c'est la première lutte de laquelle va dépendre peut-être l'issue de la campagne et l'avenir de la patrie. Surpris par une marche secrète nos soldats n'ont que le temps de courir aux armes, et de se disposer au combat; mais les Allemands ont pris toutes leurs mesures, et dix fois supérieurs en nombre, ils ont bientôt conquis des positions qui les rendent déjà sûrs de la victoire. En vain notre infanterie redouble de vaillance; en vain elle essaie par d'intrépides attaques d'arrêter la marche triomphante de troupes merveilleusement disciplinées; en vain, elle aborde à l'arme blanche les premiers et les plus solides bataillons de la Prusse : il faut céder malgré tout au torrent qui a brisé ses digues, il faut reculer devant ces flots humains qui ne connaissent plus d'obstacles; il il faut mourir noblement puisqu'il est désormais impossible de songer au triomphe.

Et en effet, écoutez encore; entendez-vous? La fusillade devient de plus en plus distincte et le bronze des batailles rend maintenant des éclats comparables aux éclats du tonnerre. Ah ! c'est que nos lignes de défenses sont détruites : c'est que nos vaillants soldats sont tombés au champ de l'honneur et que les routes de la France sont ouvertes à nos implacables vainqueurs. Mais n'y a-t-il donc plus aucun effort à tenter ? Est-ce que les nobles guerriers qui dorment depuis longtemps dans la poussière du sépulcre n'auraient laissé en mourant ni des fils formés à leur image, ni des imitateurs de leurs chevaleresques vertus? Est-ce donc que du sein de la patrie française ne sortiront pas quelques vaillants héros capables de renouveler, d'éclipser peut être le dévouement des fils de Lacédémone expirant aux Thermopyles pour l'honneur de la Grèce et la défense de sa liberté? Oui M. F. et c'est là un de ces épisodes que la France, qu'un peuple généreux se transmettra de générations en générations comme un précieux et brillant héritage. Le pinceau d'un de nos grands artistes s'est plu a immortaliser cette charge héroïque des cuirassiers de Reichshoffen; et beaucoup d'entre nous ont pu admirer il n'y a que quelques années à peine cette toile remarquable qui excitait l'enthousiaste le plus ardent au fond des plus nobles âmes.

Ah! il me semble les voir ces intrépides jeunes gens se préparer en silence à voler à la mort, ils sont là dix-huit cents à peine : la France dont ils vont devenir la gloire la plus pure ne les connaît pas encore et ne les connaîtra jamais; mais ils n'en accompliront pas moins leur devoir jusqu'au bout : la bataille est perdue, la déroute est complète, à eux maintenant de prouver à l'univers entier que l'honneur du pays brille toujours d'un éclat incomparable. Les voila donc prêts : la terre tremble sous le poids de ces vaillants escadrons et les chevaux eux-mêmes font retentir les airs des hennissements qui attestent leur impatience et leur ardeur. Tout à coup les trompettes sonnent la charge, et rapides comme l'éclair, forts comme la tempête, la visière baissée et le sabre en avant ils abordent des bataillons tout surpris de se voir disputer la victoire à la fin d'une si redoutable journée. Le choc est terrible et les coups qu'ils portent, dégarnissent à vue d'œil les rangs de l'ennemi : le sentiment du danger n'existe plus pour eux, et la mort, ils la regardent venir le sourire sur les lèvres : ils savent qu'ils périront jusqu'au dernier dans cette lutte sublime : n'importe, mais il faudra que l'Allemagne ne perde jamais le souvenir de ce que lui aura coûté la charge désormais légendaire des Cuirassiers de Reichshoffen.

Et quel est donc cet officier qui combat comme un de nos chevaliers antiques à la tête de nos braves escadrons ? Oui, quel est son nom ? car il faut bien que les générations futures puissent le redire comme on redit le nom d'un illustre héros ? Son nom, M. F. ! est un nom qui brillera d'un éclat immortel dans nos annales militaires. Son nom ? ah ! il vous fait honneur car c'est celui d'un ami, d'un compatriote, d'un enfant de Nucourt. Son nom ? c'est le colonel de VOUGES DE CHANTECLAIR.

Cependant le signal de la retraite se fait entendre, et ce n'est qu'en face d'un ordre positif que ralliant nos cavaliers épars, le colonel de Vouges les ramène hors du champ de bataille non pas avec cette précipitation qui est l'apanage des âmes vulgaires, mais tranquillement et au simple pas des chevaux, tant il voulait montrer à l'Europe attentive que la France possède encore de ces âmes à travers lesquelles le fer, le feu, les boulets et la mitraille passent sans les abattre. Certes si ce n'est pas là de l'audace, c'est que l'audace n'est qu'un nom et qu'elle ne palpita jamais dans le cœur d'un mortel ! Malgré tant de défaites qui valent des victoires, le courage n'abandonne pas le colonel de Vouges, chez lui il y a toujours cet entrain, cette gaieté qu'on lui connaît, c'est ainsi qu'après chaque bataille il écrivait à sa sœur lui donnant un certificat de vie : « J'ai encore reçu ma « ration d'obus, mais grâce aux prières de mes trois bons « anges (1) elles ne m'ont pas atteint.

Sans se donner le moindre repos, Monsieur de Vouges prend le chemin de la Capitale, et là, quelques semaines à peine suffisent à son activité pour réorganiser un régiments à peu près anéanti par la mitraille.

(I) Madame Didelon de Vougès sa sœur ; Mme de la Bégassière née Marthe Didelon de Vouges, Mme Félicie Didelon de Vouge, fille de la charité de St Vincent de Paul en religion sœur Gabriel.

Quelques jours après nous le trouvons sur les bords de la Loire et bientôt nous l'apercevons encore à la tête de ses nouveaux escadrons, renouvelant à Coulmiers les charges de Reichshoffen et contribuer puissamment à la victoire. Ce succès nous rendait maître d'Orléans et allait nous permettre de voler au secours de Paris assiégé ; malheureusement le triomphe de notre armée troublait le sommeil de quelques ambitieux vulgaires, et c'en fut assez pour que dorénavant une longue suite de défaites vinssent s'ajouter à nos premiers malheurs. Ah ! gardons-nous bien, M. F., de perdre le souvenir de Coulmiers car l'histoire dira que ce fut en cette journée fameuse qu'un des derniers rayons de la gloire française vint illuminer le front de nos soldats.

A partir de cette époque le colonel de Vouges suit la fortune du 15e corps d'armée. Il a combattu sur le Rhin, il a triomphé sur la Loire, et le voilà maintenant dans l'Est de la France multipliant les efforts pour arrêter autant que possible la marche d'une nouvelle armée étrangère. Mais le succès ne répondit pas aux vœux de notre patriotisme, et, pour que l'humiliation fut complète, il fallait que l'histoire put enregistrer ce fait, jusque là sans exemple, d'une armée française oubliée par des plénipotentiaires français dans l'acte d'une suspension d'armes et se jetant dans les montagnes de la Suisse, pour ne pas tomber toute entière sans défense et sans appui sous les coups d'un ennemi qui ne tenait à briller ni par la bravoure ni par la noblesse des sentiments.

Dans cette circonstance si difficile le colonel de Vouges, n'hésite pas, à la tête de ses cuirassiers, il exécute dans le Haut Jura des marches d'une habileté incontestable, parvient à se dérober à l'ennemi et après plusieurs jours de privations et de fatigues, il a le bonheur de ramener à Lyon et de conserver à la France l'un de nos plus beaux régiments. Ce trait d'héroïque bravoure, et les services éminents rendus dans le cours de cette rude campagne valurent à M. de Vouges les étoiles de Général de Brigade et plus tard, à la suite d'importants travaux techniques il est promu au grade insigne de Général de Division, en même temps que le ministre de la guerre lui confiait les fonctions si importantes d'Inspecteur Général de Cavalerie.

Arrêtons-nous M. F. et après avoir considéré rapidement la belle carrière du Général de Vouges, considérons-le, marchant à pas de géant dans la carrière des chrétiens, voie sublime dans laquelle il a trouvé la sagesse.

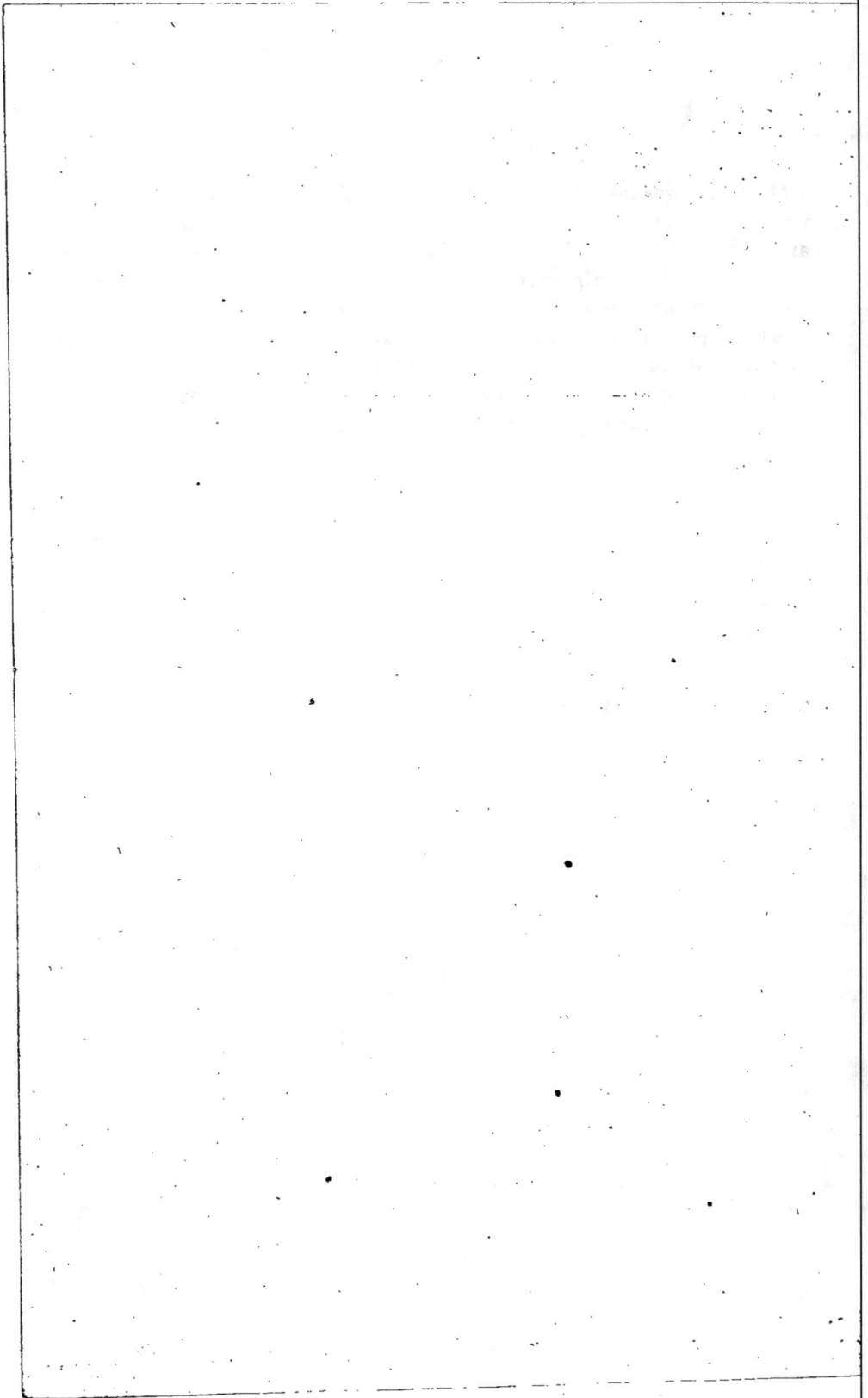

DEUXIÈME PARTIE

Le Général de Vouges était foncièrement chrétien, sans doute lancé dès sa première jeunesse dans cette carrière des armes où si souvent la vertu fait de si tristes naufrages; il n'a pas connu notre religion sainte, comme il l'a connue depuis les désastres qui ont ensanglanté la Patrie et depuis que l'église souffre jusqu'au plus profond de ses entrailles, des douleurs qu'elle seule est capable de sentir, mais les instructions d'une mère chrétienne étaient toujours vivantes dans ce cœur de héros, et voilà pourquoi, il n'a jamais forfait aux lois de l'honneur, jamais il ne s'est écarté de la plus chevaleresque loyauté.

Les débats de la politique l'intéressèrent, mais ne le troublèrent pas. Une seule chose l'inquiétait, les attaques incessantes dirigées contre la sainte Eglise et contre ses institutions admirables. Oui il souffrait cruellement dans son âme de voir Dieu lui-même banni ouvertement de la société et presque du cœur du soldat et pourtant, M., F. la mort lui a épargné cette douleur de voir les ministres de nos autels traités en ennemis de la discipline militaire et considérés comme un danger pour la Patrie. Mais dans sa souffrance le général de Vouges restait convaincu que pour l'Eglise seule les années s'écoulent, sans qu'elle ne perde rien de sa vigueur native, que les persécutions qu'elle endure loin de l'affaiblir la fortifient davantage et que les plus formidables tempêtes ne font que consolider le mystique vaisseau qui porte à travers les siècles, les promesses divines et nos immortelles espérances. L'âme du général de Vouges était entraînée comme malgré elle, vers des tendances religieuses qu'il ne craignait pas de montrer au grand jour. Sortant de l'école de Saumur, tout fier de porter son bel uniforme et de monter des chevaux fringants, il disait un jour dans un cercle d'amis : « Si je n'étais soldat, je me ferais missionnaire et j'aurais l'ambition de porter la bonne nouvelle aux sauvages et de leur faire connaître Jésus-Christ. Cette parole, vivant témoignage des sentiments religieux qu'il nourrissait dans son âme, il la prononçait à l'âge de 21 ans alors qu'un avenir s'ouvrait devant lui plus brillant que celui qui est réservé d'ordinaire aux humbles missionnaires.

Oh ! M. F., je ne m'étonne pas de sa tranquillité d'esprit lorsque je sais que c'est là une récompense que Dieu accorde aux véritables chrétiens au milieu des agitations et des angoisses de l'heure présente. C'est là le secret de cette paix, patrimoine divin des âmes fidèles. Elles savent qu'ici bas, tout concourt au plan divin et que les plus terribles épreuves ne font que hâter la délivrance et le triomphe : l'épreuve est le creuset céleste dans lequel Dieu se plaît à jeter une âme généreuse pour avoir la mesure de son dévouement et de son amour. Malgré les épreuves qui ne lui ont pas fait défaut, rien ici bas devait effrayer le Général de Vouges, il avait une âme si fortement trempée ! !

Dès qu'à force d'étude, de prière et de méditation, il connut mieux notre sainte Religion, il sut l'apprécier et en l'appréciant il en comprit toutes les beautés, beautés qu'il résuma dans la prière fréquente et le renoncement à soi-même. La foi fut comme le complément de son caractère tout militaire mais il voulut en suivre les préceptes hautement et sans respect humain. Cacher les sentiments de sa foi, rougir d'en accomplir publiquement les préceptes n'est qu'une faiblesse, et la plus grande des faiblesses : c'est pourquoi elle se trouve communément dans les petites âmes, et dans les esprits faibles. Le Général de Vouges fut toujours vraiment religieux et vous verrez s'il aima à le paraître, en toutes circonstances, jamais il ne connut la faiblesse du respect humain. Un soldat, non plus qu'un chrétien s'il n'a pas le courage de ses convictions, n'est pas plus digne du caractère sacré qu'il a reçu au baptême, que du drapeau qu'il est fier de servir.

Dès que la vérité se fut fait un jour complet, dès qu'elle eut dissipé les ténèbres qui pouvaient obscurcir son âme naturellement chrétienne, elle rayonna sur son front en perfectionnant son intelligence ; alors la vertu descendant dans son cœur, se creusa des routes inconnues à travers les fibres mystérieuses de son âme pour lui faire pratiquer la loi de Jésus-Christ, loi de grâce et de sainte prédilection. Oui, il chercha ses plus grandes consolations dans l'observance de ce code admirable par sa simplicité et sa précision : *Vous aimerez le Seigneur votre Dieu de tout votre cœur, et votre prochain comme vous-même* (1) telle fut sa règle et sa discipline ; sans doute, M. F., et vous le savez bien, pour observer cette loi dans toute son étendue il faut plus d'un acte de courage, plus d'un acte d'héroïsme, car l'homme, laissé à ses seules forces est bien faible en face des sacrifices qu'exige la pratique de la vertu. Sacrifices, actes d'héroisme, actes de courage, rien n'a coûté au Général de Vouges. Ces obstacles qui vous paraissent insurmontables pour une âme vulgaire, il les a surmontés en présentant au travail de la grâce une âme droite et sincère ; ces obstacles il les a surmontés parce qu'avant d'être soldat, ce proto-type du courage du sacrifice et du dévouement, il était chrétien et passionément amoureux de la vertu. Enfin le Général de Vouges a surmonté tous ces obstacles, *parce qu'il avait mis son espé-*

(1) S. Marc, XII, 30 et 31.

rance dans le Seigneur son Dieu ; *c'est pourquoi le Dieu de Jacob s'est déclaré son protecteur* (1). Voilà sa gloire, sinon la plus brillante, du moins la plus solide et la plus pure de toutes ; car il est dit dans la Sainte Ecriture : *celui qui se rend maître de lui-même est supérieur à celui qui prend des villes* (2).

Une fois qu'il connut la vérité, une fois qu'il eut appris la sagesse, il marcha à pas de géant dans la voie que Dieu lui avait tracée. Quand l'homme regarde la vérité, bien qu'il y ait dans son âme une certaine satisfaction qui est elle-même une vraie félicité, il ne s'arrête pas à ce premier acte, il rencontre dans la vérité ou au delà de la vérité quelque chose qui l'attire, qui le presse de sortir de lui par un autre mouvement que le mouvement du regard, et de s'attacher à cet objet qu'il voit. C'est qu'il y a dans la vérité, après la joie de la découverte, il y a en elle quelque chose que nous appelons le bien, et le bien n'est pas autre chose que l'ordre d'où résulte la bonté, et, une fois que nous avons acquis ce bien, ce mouvement par lequel nous allons vers lui, nous nous attachons à lui, cet amour du bien qui est la perfection de la volonté nous entraîne malgré nous, vers des régions d'une élévation plus sublime que nous appelons l'amour de la Charité, vertu selon l'apôtre, qui a le pas sur toutes les autres, parce qu'elle découle d'une source plus pure et plus limpide.

L'amour du bien, l'amour de la charité, telle fut la plus grande satisfaction du général de Vouges que nous pleurons. Mais aimer, pour lui ne fut pas encore tout, il voulut agir, parce qu'au delà de la charité elle-même gît l'opération, et comme il était doué de facultés qui n'étaient pas ordinaires, comme il était essentiellement actif, il voulut agir et faire le bien ici-bas après l'avoir aimé ; et en l'aimant, il acquit cette béatitude qui rayonnait sur son mâle visage.

Assurément M. F., le général de Vouges n'arriva pas

(1) Psaume 165
(2) Prov. XVI. 32

en un jour à cette béatitude de la volonté qui fait aujourd'hui notre admiration, l'homme n'arrive jamais à cette perfection par des moyens humains; comme la vertu, la perfection a des dégrés et ce n'est qu'aidé de Dieu et à force de sacrifices que l'on y arrive. Aussi Dieu lui vint-il en aide, il lui envoya sa grâce qui est une assistance spéciale et particulière pour toutes les circonstances où l'énergie de notre nature privée de secours, tomberait sous le poids des difficultés. Ce secours que Dieu lui envoya d'abord, fut l'amour de la prière, ce cri de l'âme faible, impuissante et dénuée de tout qui s'élève vers le ciel pour en faire descendre les bénédictions. Oui la prière fut l'aliment, le pain quotidien de l'âme du général de Vouges et sans parler des nombreux témoignages qui me sont parvenus, je ne vous citerai que ce trait de sa piété dont j'ai été moi-même l'heureux témoin : « Un jour, c'était au mois de Février de l'année 1878, j'entendis marcher dans la chapelle du presbytère. Surpris de cette visite inaccoutumée pour Jésus Eucharistie qui n'a d'ordinaire, de visiteur que le prêtre compagnon de sa solitude, j'entre sans bruit, et j'admire cette posture d'un homme profondément et pieusement agenouillé sur les dalles du sanctuaire offrant à son Dieu le tribut de ses hommages et de ses adorations. Le cœur tout ému, je me retire, de peur de troubler ce touchant entretien d'une créature avec son Créateur et j'attends la sortie de ce personnage que, je venais d'admirer. Son adoration terminée, il vint me trouver. Cette physionomie m'était complètement inconnue; aucune décoration brillait à sa boutonnière, aucune distinction, si ce n'est celle de son noble maintien, ne pouvait me faire supposer avec qui j'allais m'entretenir. Pourtant je ne sais quoi me le fit deviner, car avant qu'il m'eut présenté sa carte je lui disais : Général de Vouges, oui M. F. c'était ce brave et chrétien Général dont tant de fois je vous avais entendu prononcer le nom; sur son front découvert rayonnait cette béatitude dont je parlais plus haut, il était vraiment heureux.... Oh! que

mon âme éprouve de plaisir, me dit-il, de revoir cette chapelle où l'eau sainte du baptême coula sur mon front ; mon
cœur surabondait de joie tout à l'heure en face de ce tabernacle où jeune encore nous allions, ma pieuse mère, ma
sœur et moi, puiser nos plus douces consolations et implo-
rer les bénédictions du ciel. Puis nous nous entretînmes
longuement de ce bon temps qu'il avait passé au château de
ses pères, qu'il voulut revoir encore, dans tous ses détails
pour raviver davantage ses souvenirs les plus chers. Et à
son dernier pèlerinage qu'il faisait au mois de mai 1879
alors que la maladie avait fait sur lui de rapides progrès, il
me disait encore : C'est toujours avec une joie nouvelle que
je reviens à Nucourt ! j'aime tant Nucourt, j'aime tant ses habitants ! que c'est à Nucourt que je viendrai dormir mon
sommeil, et reposer à l'ombre du clocher de ma première
paroisse, au milieu de mes bien aimés parents et de mes
compatriotes. Oui, oh ! habitants de Nucourt, vous aimerez
le général de Vouges, vous ne l'oublierez jamais, car il ne
vous a jamais oubliés, il vous a toujours aimés, toujours il
s'inquiétait avec une touchante sollicitude de tous ceux qu'il
avait connu et sa mémoire fidèle lui rappelait les noms de
tous : vous l'aimerez et vous mettrez en pratique ses vertus
que je vous présente pour modèle.

Lorsqu'il avait donné sa journée à ses chères occupations
militaires, dit une famille religieuse (1) il voulait partager
tous les exercices de piété qu'on a coutume de faire en famille, ne trouvant rien de petit dans le service de Dieu.
Chaque jour il faisait la visite au saint sacrement. C'est là
qu'il embrasait son âme à ce feu sacré qui s'échappe du tabernacle et que le Seigneur ne désire rien tant que de voir
s'allumer dans les cœurs car c'est le feu qui ne brûle pas
mais qui éclaire, qui guérit, qui fortifie et surtout qui perfec-
tionne. C'est dans ces longs colloques avec le divin prison-
nier d'amour qu'il laissait aller son cœur à l'abandon des

(1) *Semaine Religieuse* du diocèse de Besançon 30 Aout 1879.

divines influences de la grâce; c'est là qu'il trouvait la force pour le combat du lendemain. Espérant en Dieu, son courage ne s'est point affaibli, car c'est dans cette espérance qu'il puisait le principe de la vigueur et de l'intrépidité dont son âme était nourrie. Du tabernacle il allait s'agenouiller à l'autel de Marie, c'était sa chère dévotion.

Une âme aussi grande, une âme aussi éprise de l'amour de Dieu, ne pouvait ne pas être charitabe. La vérité avait appris au général de Vouges à faire le bien, et il fit le bien largement. Il avait conservé pour sa vénérée mère, une affection toujours si ardente et si vive que pour la revoir, il aurait sacrifié tout, même son brillant avenir. C'est poussé par cette affection qu'il écrivit un jour à sa sœur, ces admirables paroles : Oh ! ma chère petite sœur, si Dieu me procurait le bonheur de revoir notre bonne mère seulement pendant cinq minutes, je consentirais à me faire mendiant tout le reste de mes jours.

Pendant les dernières années de sa vie, il rivalisa de bonnes œuvres et de charité avec Mesdames d'Arcine dans ce petit village de Savoie qu'ils habitaient. Il y fonda et dota une école de filles pour former des mères de familles pieuses et dévouées, il s'en occupait avec la plus gracieuse condescendance et dans les moindres détaiils. Voulant que de la haute montagne on put y venir l'hiver il avait chargé les sœurs de fournir de chaussures et de vêtements les enfants pauvres, afin qu'ils n'eussent pas de prétextes pour manquer la classe. C'est par ces charitables élans qu'il continuait les belles traditions et qu'il marchait sur les traces des nobles et pieuses familles d'Arcine, dont les immenses bienfaits font bénir la mémoire à Ezerye par toutes les bouches et par tous les cœurs, et cette mémoire bénie se perpétuera car les bienfaits se perpétuent et se perpétueront dans la personne de sa noble veuve.

La maladie a atteint le Général de Vouges à la vigueur de l'âge : des travaux importants poursuivis avec acharnement sur la réorganisation de la cavalerie, occasionnèrent des accidents qui l'ont frappé mortellement. La mort l'a touché au front, c'est là qu'elle devait frapper un brave. Il la vit arriver sans pâlir, il s'y était préparé. Celui qui sur tant de champs de bataille avait vu la mort à ses côtés, ne devait pas trembler en face de ses coups redoublés et pour entretenir son âme dans cette pensée du dernier sacrifice il la nourrissait chaque jour de la lecture des œuvres de Saint-François de Sales.

Là M. F. devrait se borner cet éloge funèbre du héros dont j'ai entrepris de redire la gloire et les vertus, mais je m'aperçois que je n'ai pas encore tout dit ce que l'on a dit de lui. Les grades, les honneurs, les décorations rien n'a manqué à la gloire du Général de Vouges et cependant Dieu lui a accordé une plus haute faveur, en l'unissant à la femme courageuse et forte, qui a été la compagne fidèle de ses dernières années.

Non, je n'ai pas encore tout dit, car je m'aperçois qu'aucune parole de consolation n'est tombée de mes lèvres sur le cœur brisé par la douleur, de cette noble famille qui demeure sur la terre gardienne et continuatrice des bonnes œuvres accomplies pendant les sept années de bonheur qu'il a passé avec elle. Mais que dirai-je parents si désolés ; que je n'ai pas dit pour adoucir votre douleur ? Quelle sera votre consolation ? Votre consolation, elle sera cette espérance que ne possèdent pas ceux qui n'ont pas la foi. Votre consolation ? C'est qu'un jour vous serez enlevés avec celui que vous pleurez sur les nuées, pour aller dans les airs au devant de Jésus-Christ pour être avec lui éternellement (1). Que votre tristesse disparaisse donc devant une si grande consolation, et que la foi bénisse à jamais votre douleur. Devant d'aussi magnifiques espérances, il ne convient pas que le temple de Dieu soit dans la tristesse, celui qui l'habite est un puissant Consolateur et les promesses qu'il vous fait, ne

(1) Saint-Paul aux Thes. IV. 16.

sont pas trompeuses (1). Ces quelques paroles suffiront je l'espère à votre charité ; vous puiserez des consolations en celui qui ne quitte point votre cœur.

Issue d'une noble race Madame de Vouges était digne de s'unir à ce héros dont je viens de retracer si imparfaitement la vie. Son auguste père le Général comte d'Arcine, devant la mémoire duquel je m'incline avec le plus profond respect, lui aussi, joignait à la noblesse des sentiments, la plus chevaleresque bravoure. Après avoir vaillamment supporté les campagnes de l'empire après de remarquables faits d'armes, après une page mémorable à la conquête d'Alger, pour ne pas trahir ses serments de fidélité à la cause qu'il servait, il brisa son épée rentra dans la vie privée et se consacra tout entier aux bonnes œuvres. Après une longue carrière passée dans la pratique du bien il exhala son dernier soupir à l'âge de 82 ans : avec cette sérénité d'âme que le tumulte du monde ne connaît pas. Il quittait cette terre, oui mais il y laissait un fils auquel il léguait ses vertus chrétiennes et sa bravoure de soldat. Ce fils n'a pas terni la gloire de son père. Jeune encore ayant devant lui le plus bel avenir. Le capitaine d'Arcine est tombé comme tombent les héros, frappé d'une balle en chargeant l'ennemi avec une poignée de braves, au siège de Strasbourg.

Dieu dont les desseins sont admirables, avait donc conduit comme par la main le Général de Vouges au sein de cette noble et chevaleresque famille ; et désormais, le blason des de Vouges de Chanteclair, sera toujours noblement placé à côté du blason des comtes d'Arcine et des comtes de Vezins :

M. F. le Général de Vouges que nous pleurons ensemble n'est pas mort, il n'est qu'endormi. Il vit, et il vivra toujours dans le souvenir de ceux qui l'ont aimé ; il vit et il vivra toujours dans le cœur de ceux auxquels il a fait part de sa sagesse. Et ici M. F. je ne puis m'empêcher de redire en

(1) Saint-Aug. Sermon 174.

terminant cette parole que Saint-Jean dans sa révélation finale des choses dit avoir entendue : *Beati mortui qui in Domino moriuntur :* Bienheureux les morts qui meurent dans le Seigneur ; et cette autre qu'il ajoute immédiatement pour expliquer cette proclamation qu'il a entendue dans le ciel *Opéra enim illorum sequuntur illos :* Bienheureux les morts qui meurent dans le Seigneur, car leurs œuvres les suivront (1). Gloire ! Honneur à vous généreux chrétiens qui après des luttes si archarnées et si vaillamment soutenues, dormez sous ces voûtes votre sommeil ! Oui vos œuvres vous suivront, parce qu'elles ont été faites dans le bien, parce qu'elles auront l'immortalité du bien. Gloire ! Honneur à vous, car ces amis nombreux que vos exemples ont fait rentrer dans le chemin de la vérité qu'ils avaient abandonné, conserveront eux aussi la mémoire *de la sagesse que vous leur avez apprise sans-déguisement et dont vous leur avez fait part sans envie* (2). Gloire ! Honneur à vous, car Dieu vous a fait la grâce de *leur dire ce que vous ressentiez dans votre cœur et d'avoir des pensées dignes des dons que vous aviez reçus* (3). Plus tard, ces amis rendus à eux-mêmes dans le recueillement de la prière et du sacrifice ; comme Judas Machabée à la veille de sa plus grande bataille rêvant d'Onias, ils rediront ces paroles de la Sainte Ecriture que je suis heureux de vous appliquer, parce qu'elles résument toute votre existence : Le Général de Vouges *était cet homme vraiment bon et plein de douceur si modeste dans son visage, si agréable dans ses discours et qui s'exerçait à toutes sortes de vertus* (4).

A. CHARASSON.

Curé de Nucourt et de Bouçonvillers.

13 avril 1880.

(1) Apocalypse XIV. 13.
(2) Sagesse VII. 13.
(3) Ibid.
(4) Liv. II des Mach. XV. 12.

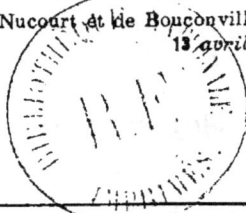

Paris-Auteuil. — Imp. des Apprentis orphelins. Roussel, 40, rue La Fontaine.

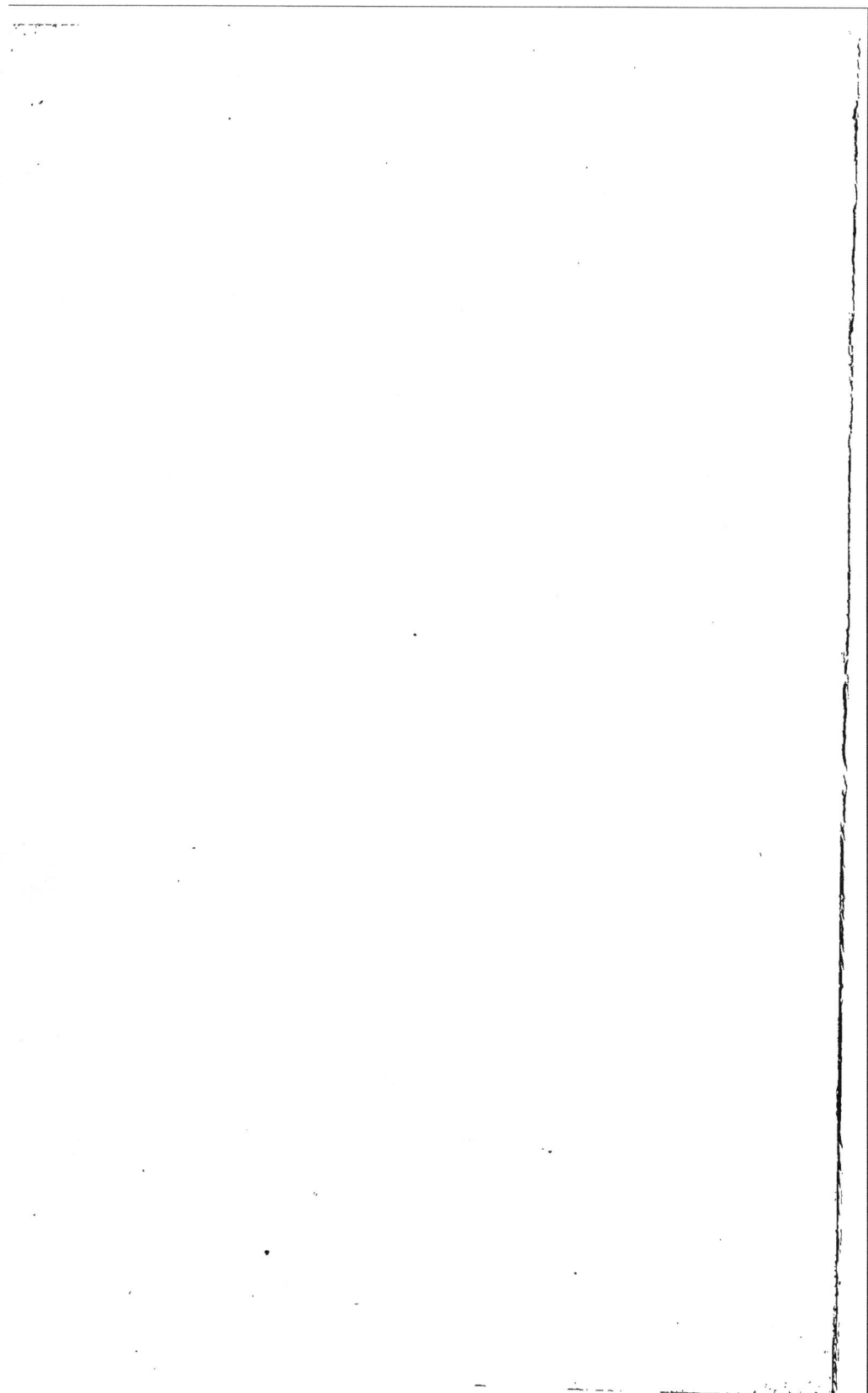

PARIS—AUTEUIL
IMPHIMERIE DES APPRENTIS-ORPHELINS. — ROUSSEL
40, RUE LA FONTAINE, 40